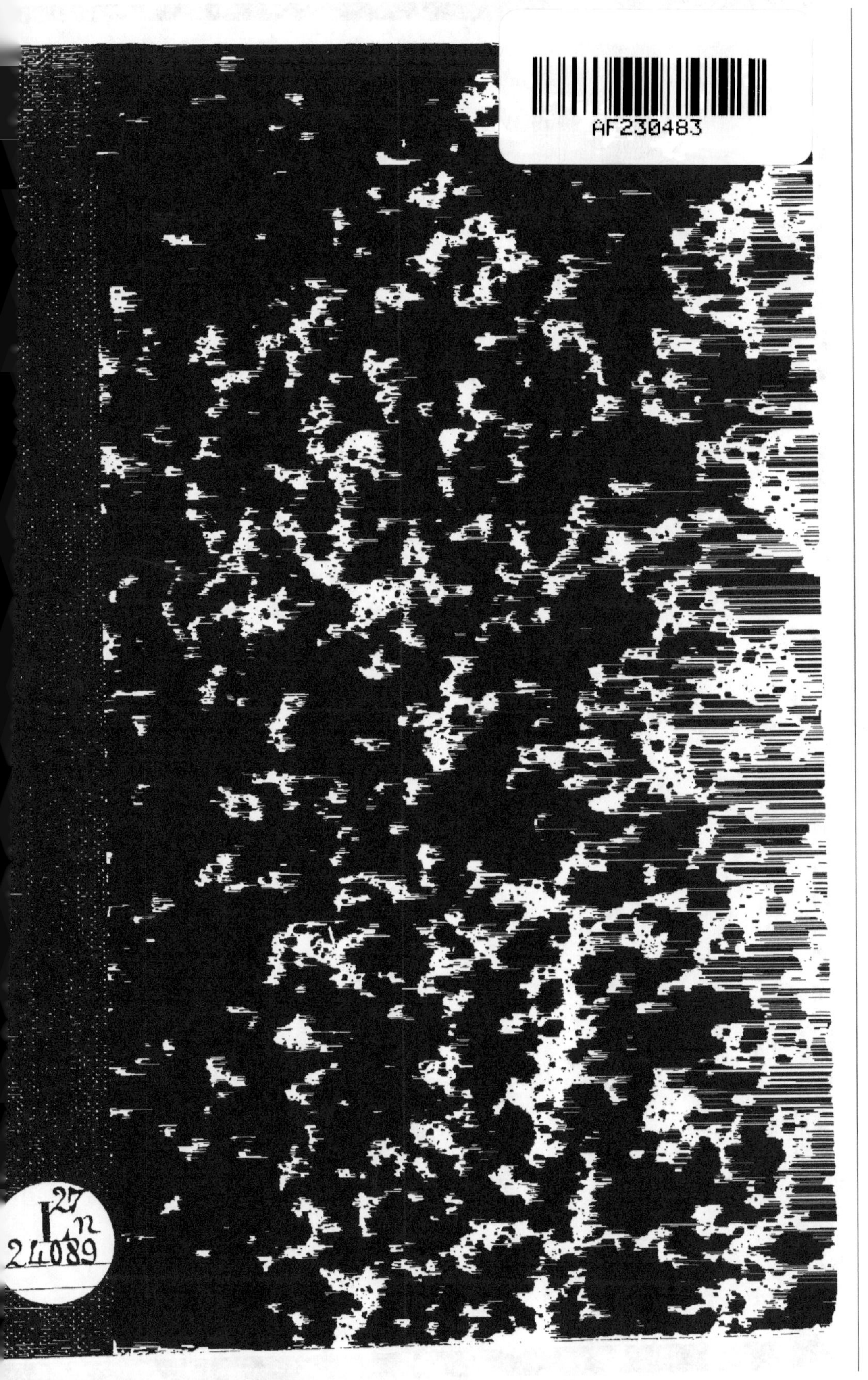

LE

GÉNÉRAL DE DIVISION CAMOU

SÉNATEUR

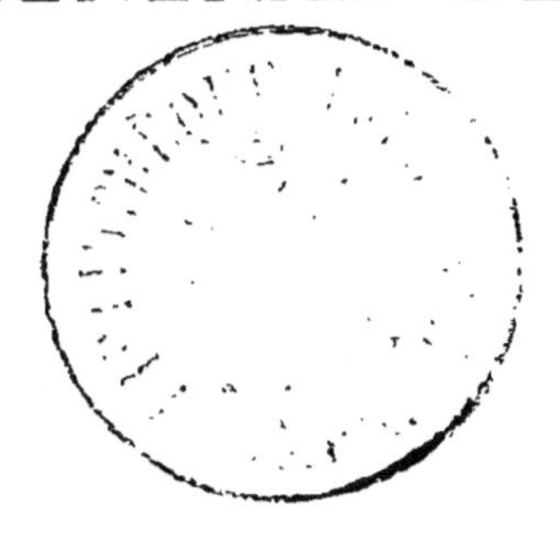

LE GÉNÉRAL

DE DIVISION

CAMOU

SÉNATEUR

NANTES,

Mme Ve CAMILLE MELLINET, IMPRIMEUR, PLACE DU PILORI, 5.

1868

LE GÉNÉRAL DE DIVISION CAMOU

SÉNATEUR

———

. . . .
. . . .
   « Réunissons-nous pour rendre hommage à la
» mémoire de cet intrépide capitaine, qui fut sans
» peur et sans reproche, et resta modeste comme
» s'il n'eût jamais fait trembler l'ennemi.
   » Vous lui donnerez une place dans vos plus
» chers souvenirs et vous le compterez parmi les
» glorieux représentants de la valeur française qui
» siégent dans cette assemblée. »

       (M. le président du Sénat Troplong,
       séance du 11 février 1868.)

C'est par cette si juste appréciation d'une belle vie de soldat, que le digne et honorable président Troplong, dans une de ces fines et élégantes notices dont il a seul le secret, annonçait au Sénat la mort du général Camou. Elle résume en quelques mots vrais et sympathiques une longue existence consacrée tout entière au service de son pays, et nous croyons être ici l'interprète des sentiments des anciens frères d'armes du général Camou en retraçant brièvement les nombreux et brillants services de celui qui fut toujours pour ses camarades un ami dévoué et pour ses soldats un chef aimé et respecté.

Camou (Jacques), né le 1ᵉʳ mai 1792 à Sarrance, petit village des Basses-Pyrénées, près d'Oloron-Sainte-Marie, entre, le 5 septembre 1808, comme engagé volontaire avec le grade de sergent dans le bataillon de chasseurs de montagne des Pyrénées et est nommé sergent-major le 25 octobre de la même année.

A peine âgé de 16 ans, il se fait remarquer à l'armée d'Aragon par son énergie, son intelligence et son activité, et le grade de sous-lieutenant lui est conféré provisoirement par le général Suchet, le 1er mai 1809. Sa brillante conduite dans toutes les affaires de cette rude guerre de partisans lui valut la confirmation de ce grade le 19 décembre 1809.

Mais ces combats incessants épuisaient chaque jour les chasseurs de montagne des Pyrénées, et bientôt leur effectif, devenant trop faible pour les cadres, le 30 juin 1810, les hommes du 1er bataillon de ce corps sont versés dans le 2e et les officiers devenus disponibles sont renvoyés provisoirement dans leurs foyers.

Le sous-lieutenant Camou, qui était de ce nombre, est mis en disponibilité et est replacé, le 28 février 1811, au 1er régiment de la Méditerranée, devenu 35e léger, puis 49e de ligne et enfin 53e de ligne en 1814.

Ce corps occupait l'île d'Elbe et l'île de Corse, et c'est dans ces garnisons que le sous-lieutenant Camou passe les années 1811 et 1812, suivant de loin, avec la plus poignante anxiété, les péripéties du grand drame qui se déroulait alors en Russie et regrettant amèrement de ne pas combattre avec la grande armée. Mais ses quelques loisirs de garnison étaient fructueusement employés par lui : il complétait son instruction, formait son jugement par l'étude et le travail, développait ses connaissances militaires et se préparait ainsi, dans le calme et le recueillement, à occuper dignement les grades qu'il devait acquérir plus tard par sa valeur.

Nommé lieutenant le 10 avril 1813, il se rend, avec son

régiment, à l'armée d'Italie et prend une part active à toutes les opérations de cette campagne difficile.

Tandis que nos troupes, se repliant lentement sur le Rhin, soutenaient les efforts acharnés des armées coalisées et les forçaient à suspendre leur marche en avant par ces coups de tonnerre qu'on appelle les batailles de Lutzen, Bautzen, Leipsick! l'armée d'Italie, livrée à elle-même, ne recevant plus de renforts, ayant presque ses communications coupées, affaiblie par de nombreux détachements et les garnisons des places fortes, soutenait dans la péninsule une lutte inégale. C'étaient chaque jour de nouveaux combats, dans lesquels on défendait pied à pied un terrain qu'on ne voulait pas abandonner à l'ennemi. Dans toutes ces affaires le jeune Camou se distinguait entre tous par son courage, son sang-froid et la parfaite connaissance de la guerre de partisans qu'il avait acquise à l'armée des Pyrénées. Dans un de ces combats, le 18 septembre 1813, à Saint-Hermagore, en Illyrie, se trouvant en tirailleur avec sa compagnie, il est chargé et enveloppé par des hussards hongrois. Sa rare intrépidité, sa taille imposante, sa forte voix qui domine le tumulte inspirent une mâle résistance à ses hommes qui se rallient rapidement autour de lui. Ils sont sabrés sous ses yeux ; lui-même est attaqué avec furie et voit son épée brisée dans ses mains ; il se défend toujours, il frappe encore avec la poignée, mais il reçoit successivement trois coups de sabre : l'un, au milieu du visage, qui lui fait sauter deux dents ; l'autre, à l'avant-bras gauche, qui pénètre profondément, et le troisième à la main droite, qui le désarme.

Dans cette lutte héroïque ses forces s'épuisent avec son sang ; il tombe et est fait prisonnier. Conduit à pied au fond de la Hongrie, privé des soins que réclament ses blessures, il endure de cruelles souffrances, qu'il surmonte grâce à son énergie et à sa robuste constitution.

C'est pendant cette captivité qu'il assiste de loin à l'invasion de la France et que le canon de Brienne, La Rothière, Montmirail, Champaubert, trouve de patriotiques échos dans son cœur. Mais le génie de l'Empereur est impuissant à prévenir la capitulation de Paris, et Camou, remis en liberté le 28 juillet 1814, rentre en France et passe en 1815 à l'armée des Alpes.

Le 20 septembre 1815 il est de nouveau mis en non activité par suite de licenciement, et revient à Sarrance prendre un repos que son activité habituelle, ses goûts et le souvenir de ses campagnes lui rendent difficile à supporter.

Rappelé au service le 5 août 1817, il est placé dans la légion de la Haute-Garonne, devenue 17e de ligne, et s'y fait remarquer par sa parfaite connaissance des choses militaires, son travail et son activité. Le 7 février 1823, nommé capitaine adjudant-major, il fait la campagne d'Espagne. Il y est remarqué de tous et se distingue surtout devant Saint-Sébastien, où il est de nouveau blessé. Sa belle conduite pendant la campagne lui vaut, le 14 octobre 1823, la décoration de chevalier de la Légion-d'Honneur.

Le 29 octobre 1828, il est nommé chevalier de l'ordre royal et militaire de Saint-Louis, en récompense de ses services.

La campagne d'Alger se prépare ; mais le bataillon du 17e auquel appartient le capitaine adjudant-major Camou est désigné pour rester au dépôt. Ne pouvant se résoudre à rester inactif tandis que ses camarades vont marcher à l'ennemi, il cherche et obtient une permutation qui le fait passer, le 9 mars 1830, dans une compagnie de grenadiers de l'un des bataillons de guerre.

L'armée débarquée à Sidi-Ferruch s'implante bientôt sur le sol algérien par le brillant combat de Staouëli, et va fixer pour jamais notre drapeau dans la ville du Dey. Ce foyer de pirates deviendra le centre de la civilisation africaine, et ce pays, pour la seconde fois depuis quinze siècles, verra fleurir de nouveau les lettres, les sciences et les arts.

Camou prend part, avec le 17e de ligne, à toutes les opérations de la prise d'Alger, et là encore signalé pour sa vigueur, son entrain et l'intelligente direction imprimée à sa compagnie, il obtient la faveur d'une proposition pour la garde royale. Mais elle ne devait point aboutir : la révolution de juillet éclate et le capitaine Camou, rentré en France en 1831, ne tarde pas à tomber dans l'oubli.

Ne pensant plus trouver l'occasion de faire valoir les qualités militaires qui le distinguent, il se prépare, sans ambition comme sans regrets, à prendre sa retraite lorsque l'heure aura sonné.

Mais le général de Castellane, son chef, qui apprécie en même temps que son extrême modestie, toute la vigueur, la solidité et les connaissances militaires de Camou, le propose pour le grade supérieur. Il appuie cette proposition d'une manière toute particulière, et, grâce à lui, Camou est nommé chef de bataillon au 34e de ligne, le 29 septembre 1837.

Le duc d'Orléans, comprenant tout le parti qu'une armée peut tirer des nouvelles armes rayées, dues à l'initiative et aux longues et persévérantes études d'officiers français, songe à en doter une partie de l'infanterie, qui aura un recrutement spécial, et organise les bataillons de chasseurs à pied au camp de Saint-Omer.

Le commandant Camou était naturellement désigné à son choix par ses brillants services et ses qualités militaires : il est placé à la tête du 3e bataillon le 30 septembre 1840.

Ces dix bataillons de nouvelle formation sont confiés à des officiers qui, signalés déjà par leurs services et destinés par leurs qualités militaires à un brillant avenir, ont tous rempli l'espoir qu'on avait en eux et ont occupé ou occupent les

plus hautes dignités de l'Etat et les positions les plus élevées
de l'armée.

Ces officiers sont les suivants :

1er bataillon. DE LADMIRAULT, aujourd'hui général de division, sénateur, commandant le 2e corps
d'armée.

2e   —   FAIVRE, mort comme général de brigade.   :

3e   —   CAMOU, général de division, sénateur, ancien
commandant de la 2e division d'infanterie
de la garde impériale.

4e   —   DE BOUSINGEN, placé dans la 2e section du
cadre de réserve comme général de bri-
gade.

5e   —   MELLINET, général de division, sénateur,
ancien commandant de la division des
grenadiers de la garde, commandant
supérieur des gardes nationales de la
Seine.

6e   —   FOREY, maréchal de France.

7e   —   RÉPOND, mort comme intendant général.

8e   —   UHRICH, retraité comme colonel bien longtemps avant qu'il ne fût atteint par la
limite d'âge.

9e   —   CLÈRE, tué glorieusement à la tête de son
bataillon en 1845.

10e   —   DE MAC-MAHON, duc de Magenta, maréchal de
France, gouverneur général de l'Algérie,
commandant le 7e corps d'armée.

Une foule d'officiers, jeunes et brillants, font partie de
l'organisation de ces corps, qui se sont fait une si belle page
dans l'histoire de l'armée française, et, parmi les capitaines,
on voit figurer les noms des maréchaux de France Canrobert
et Bazaine.

Le commandant Camou justifie dans cette formation le choix dont il a été l'objet et sait imprimer à son bataillon une excellente direction, un remarquable esprit de corps et une parfaite discipline : la croix d'officier de la Légion-d'Honneur vient récompenser ces nouveaux services.

Mais ces bataillons, recrutés d'hommes vigoureux et bien choisis, pourvus d'armes à longue portée qu'ils manient habilement, sont appelés à rendre de nombreux services en Algérie, où la nature du sol, le genre de guerre, la mobilité extrême de l'ennemi et sa résistance fanatique et opiniâtre, nécessitent de la part de tous une initiative intelligente et une vigueur exceptionnelle. Solidement organisés, remarquablement instruits, pleins d'ardeur, exercés à profiter utilement de tous les accidents de terrain, ces bataillons doivent voir leur création consacrée par le feu : plusieurs d'entre eux sont envoyés en Afrique, et l'histoire citera un jour maints combats où ils ont montré la plus grande valeur et l'intrépidité la plus inébranlable. Le 8 juin 1841, le 3ᵉ bataillon débarque à Alger pour y faire ses premières armes.

Il est bientôt dirigé sur Blidah et rayonne de là dans diverses directions, soit pour escorter les convois qui viennent d'Alger, soit pour faire partie des colonnes qui doivent ravitailler Milianah ou Médéah, s'exerçant ainsi chaque jour à ces marches longues et pénibles d'Afrique, qui, au bout de peu de temps, donnent tant de solidité à notre infanterie.

Dans ces sorties, qui sont de véritables expéditions et où les Arabes, harcelant sans cesse les flancs et la queue de nos colonnes, cherchant surtout à couper le convoi et à envelopper l'arrière-garde, renouvellent incessamment le combat, le commandant Camou, toujours au premier rang, se fait remarquer par sa vigueur, son sang-froid et la sûreté de son coup-d'œil.

Les précieuses qualités que la guerre avait développées en

lui, d'abord à l'armée des Pyrénées, plus tard dans les Alpes et en Illyrie, puis en Espagne, le servent ici admirablement; et ces fréquentes escarmouches, ces surprises, ces attaques imprévues, ces ruses des Arabes, n'ont presque plus de secret pour lui : c'était toujours le même ennemi qu'il avait devant lui, mais plus mobile encore et plus audacieux que le *miquelet* d'Espagne! La confiance absolue que le commandant Camou inspire à ses soldats rend le 3e bataillon de chasseurs à pied redoutable dans tous ces vigoureux retours offensifs que l'audace téméraire des Arabes le force souvent d'exécuter et qu'il dirige lui-même avec une rare intelligence et la plus grande bravoure. Aussi, le 25 novembre 1841, est-il cité à l'ordre de la division d'Alger pour s'être distingué à plusieurs reprises dans toutes les opérations de cette campagne d'automne.

Bientôt une autre récompense, non moins méritée, vient l'enlever au 3e bataillon de chasseurs à pied et le place, le 31 décembre 1841, comme lieutenant-colonel au 3e léger. Avec ce régiment, le lieutenant-colonel Camou prend part à plusieurs importantes opérations de guerre dans la province d'Oran, puis dans celle d'Alger, pendant les années 1841 et 1843.

Le 13 juin 1842, il est cité dans un rapport du gouverneur-général comme s'étant fait remarquer dans divers combats, livrés du 14 mai au 13 juin.

Le 18 juillet 1843, il est de nouveau cité dans un rapport du gouverneur-général pour la manière vigoureuse avec laquelle il a dirigé, le 11 juillet 1843, contre les Kabyles, un brillant retour offensif.

En novembre 1843, le 3e léger est de nouveau dirigé sur la province d'Oran.

Le 30 janvier 1844, le lieutenant-colonel Camou, commandant une colonne composée d'un bataillon du 3e léger, du

8e bataillon de chasseurs à pied et d'un détachement de cavalerie, exécute avec succès, sur les bords de l'Oued-Zitoun, une razzia sur les Doui-Yaya.

Nommé, le 14 avril 1844, colonel du 33e de ligne, il rejoint ce régiment à Médéah.

Le 33e arrivait de France depuis peu de temps. Le colonel Camou met tous ses soins à le former rapidement aux allures d'Afrique et à fortifier son esprit de corps : bientôt ce régiment est classé parmi les meilleurs et les plus solides et il ne tarde pas à en donner de nombreuses preuves. L'insurrection de 1845 éclate : le colonel Camou, avec la portion principale du 33e de ligne, fait partie de la colonne qui, sous les ordres du général Marey-Monge, opère entre les montagnes du Dira et du Djurjura ; mais, atteint vers la fin de novembre de douleurs aiguës, il se voit, à regret, forcé de rentrer à Médéah.

Surmontant bientôt ses souffrances, il reprend la campagne à la tête d'une colonne que le général Bedeau dirige du côté de Milianah et qu'il rappelle ensuite dans la direction de Boghar.

Les troupes du colonel Camou, jointes à celles du général d'Arbouville et placées toutes deux sous la direction du général Bedeau, remportent un brillant succès sur les Arabes, réunis en grand nombre dans le pays des Beni-Djad. Le colonel Camou reçoit les plus vives félicitations du général Bedeau pour la part prise à cette affaire par la 2e brigade, qu'il commandait.

Cette brigade formait l'arrière-garde, lorsque, à peine arrivée dans le défilé qui conduit à l'Oued-Héta, elle se voit tout-à-coup cernée de toutes parts par les Kabyles, descendant comme une avalanche des montagnes voisines. Le colonel Camou fait mettre sac à terre aux compagnies d'élite et les déploie en tirailleurs sur les flancs et en arrière, pendant qu'avec la tête de la colonne il force le passage. Pendant deux heures d'une marche difficile, il soutient ainsi l'effort de l'ennemi, puis, parvenu au bois des Oliviers, il exécute contre lui un vigoureux retour offensif qui le rejette au loin et lui cause des pertes sensibles.

La soumission des Kabyles est le fruit de cette brillante journée et la croix de commandeur de la Légion-d'Honneur vient récompenser l'intelligent courage du commandant de la 2e brigade.

Après la pacification des Beni-Djad, le colonel Camou se rapproche du pays de Tittery avec la colonne du général Marcy-Monge, qu'il a rejoint le 11 janvier 1846. Le général Marcy-Monge lui confie son commandement.

Il renforce cette colonne des goums alliés, qu'il appelle à lui, et cherche à lui donner la plus grande mobilité et à la rendre capable de marches rapides en faisant porter à dos de chameau les sacs des hommes et les besaces des cavaliers.

Ces dispositions lui permettront d'exécuter les ordres que le maréchal Bugeaud prescrit depuis longtemps à ses généraux, c'est-à-dire de prendre l'offensive et de faire ainsi changer la face des affaires. Bientôt, en effet, les Arabes, connaissant le peu de mobilité que nos colonnes ont offert jusqu'à présent, viennent, dans le Djebel-Sahri, planter leurs tentes à douze lieues seulement des troupes françaises, et, confiants dans leur éloignement et le manque de ressources du pays qu'il faut traverser pour les atteindre, ils négligent de se tenir sur leurs gardes.

Surpris, le 23 février 1846, par le colonel Camou, qu'une marche rapide a tout-à-coup porté sur eux, ils fuient épouvantés en perdant une grande quantité de butin.

Après cette heureuse razzia, le colonel Camou se retire à El-Abiod.

Le 7 mars au matin, étant à ce bivouac, il apprend que

l'Emir, qui, le 5 encore, était au pied du Djurjura, s'est porté par une marche de jour, suivie d'une marche de nuit, au Sud-Est de Birin et se trouve seulement à quatre ou cinq lieues de lui, projetant une razzia sur les tribus soumises. A cette nouvelle, il lève de suite son camp et se dirige rapidement sur Birin.

En route, il apprend qu'Abd-el-Kader vient d'opérer une razzia sur les Douairs, tribu du Maghzen. Bientôt après, il voit lui-même défiler, à environ deux lieues dans la plaine, une longue colonne de chameaux et de butin, qui se dirige vers le Sud, sous la protection de nombreux cavaliers guidés par l'Emir.

Il laisse aussitôt son convoi derrière lui et se porte en avant avec deux bataillons du 33ᵉ, quatre compagnies de zouaves, un bataillon du 22ᵉ de ligne, 155 chevaux des spahis et chasseurs et deux pièces de montagne. Pendant une heure et demie il parvient à dérober sa marche à l'Emir qui, l'apercevant enfin, dirige sa razzia vers l'Ouest, du côté de Ben-Nahr. Le colonel Camou accélère sa marche, et, arrivé à 3,000 mètres environ de l'ennemi, il lance sa cavalerie qui s'engage bientôt. Le goum, se sentant vivement appuyé, prend part à l'action.

Les réguliers d'Abd-el-Kader et ses goums défendent leurs prises avec ardeur; mais bientôt les cavaliers du goum lâchent pied et les réguliers seuls soutiennent le combat avec intrépidité. Ils cèdent enfin devant nos cavaliers et se dispersent après avoir favorisé la fuite de l'Emir.

A une heure et demie tout est terminé : l'infanterie, qui a fait onze lieues depuis le matin et a toujours suivi de près la cavalerie, la rallie bientôt et la colonne prend la direction de Birin.

Les résultats de cette journée, dus au brillant courage de nos troupes et à l'audacieuse initiative du colonel Camou, sont

grands au point de vue militaire et au point de vue politique.

A six heures du matin, Abd-el-Kader avait obtenu le plus
éclatant succès : la tribu Maghzen, celle qui avait la mission
de représenter notre autorité aux yeux des Arabes, était
complètement razziée, presque en vue du camp français ; il
conduisait sa proie en triomphe, au milieu des cavaliers de
nos goums, qui, du haut des collines voisines, voyaient passer
avec effroi la vengeance de l'Emir.

A deux heures le même jour, après s'être laissé enlever
pièce à pièce son immense butin, après avoir vu tomber bon
nombre de ses réguliers, il fuyait presque seul, aux yeux des
mêmes populations, qui, le matin encore, tremblaient à son
seul nom.

Ce brillant fait d'armes, qui porte un coup si terrible à la
puissance de l'Emir, vaut au colonel Camou une citation dans
le rapport du général Marey-Monge, en date du 10 mars
1846.

Le 8 mars, ayant fait jonction avec le général Yusuf, le
colonel Camou marche, de concert avec lui, à la poursuite
d'Abd-el-Kader, qui, trois jours après, est surpris dans son
camp à Meugren, à l'Ouest de Bou-Saada, et obligé de s'enfuir
en abandonnant tous ses bagages. Un nouveau coup de main
le force à s'enfoncer dans le pays des Ouled-Naïl et à se
rapprocher du Djebel-Amour. La poursuite continue jusqu'au
Sud du Djebel-Bou-Khaïl : l'ennemi est atteint et éprouve de
grandes pertes.

Le duc d'Aumale, arrivé avec des troupes fraîches, achève
de pacifier le pays, et le colonel Camou rentre le 9 mai à
Médéah, ramenant une troupe que n'ont pu démoraliser les
privations et les fatigues endurées pendant une campagne de
huit mois consécutifs.

Le 21 janvier 1847, le colonel Camou, à la tête des trois

bataillons du 33e, part de Médéah pour se rendre à Boghar, où il doit faire partie d'une colonne expéditionnaire destinée à opérer sous les ordres du général Marey-Monge dans le Sud du cercle de Tittery.

Le 5 février, une razzia est opérée sur les Ouled-Sâad-ben-Sâlem, fraction dissidente des Ouled-Naïl : l'infanterie, sous les ordres du colonel Camou, contribue puissamment au succès de la razzia, commencée dès l'aurore par la cavalerie, après une rapide marche de nuit.

Le général Marey adresse de vives félicitations au colonel pour la bonne direction donnée pendant l'action aux troupes d'infanterie, qui ont toujours suivi de près la cavalerie dans sa marche rapide.

Le 15 février 1847, le colonel Camou prend part à l'affaire qui a lieu, dans la vallée de l'Oued-Melah', contre les Ouled-Aïssa refoulés par la colonne du général Herbillon. Sa belle conduite dans cette circonstance lui vaut une citation au rapport de M. le général Marey-Monge, du 16 février 1847.

Le 33e de ligne rentre alors à Médéah, mais il n'y fait pas long séjour : le bruit de la réapparition d'Abd-el-Kader se répand, et pour rassurer les populations du Sud, le colonel Camou va, avec ses trois bataillons, s'établir aux environs de Boghar.

Là, il n'apprend aucune nouvelle d'Abd-el-Kader, qui n'a pas paru dans la contrée et il rentre à Médéah.

La République est proclamée, et, par décret du 25 avril 1848, le colonel Camou est nommé général de brigade.

Il reçoit à cette occasion les félicitations les plus sincères et les plus empressées de ses chefs et de ses compagnons d'armes. Le maréchal Bugeaud, en le complimentant sur sa promotion, lui écrit :

« Si le Gouvernement provisoire n'avait fait que des nomi-

» nations comme celle-là, il faudrait lui élever plusieurs
» statues. »

Enfin, les officiers du 33e, avec lesquels il a partagé tant
de fatigues et de dangers, veulent lui donner une dernière
marque d'affection et d'estime en lui offrant une épée d'honneur. Mais le général Camou refuse ce témoignage et n'accepte
qu'un banquet d'adieu.

Mis à la disposition du gouverneur-général de l'Algérie, le
général Camou est nommé au commandement de la subdivision de Milianah.

A peine arrivé dans son commandement, il apprend que les
Beni-Zougzoug se montrent récalcitrants et refusent d'obéir
aux ordres qui leur sont donnés.

Instruit par une longue expérience du danger de laisser
subsister les moindres germes de rébellion, il réunit, sans
attendre les ordres supérieurs, toutes les forces dont il peut
disposer et va se placer au milieu du pays où se trame l'insurrection.

Cette attitude énergique terrifie les agitateurs et, sans qu'il
soit besoin de tirer un coup de fusil, les Beni-Zougzoug
viennent à composition : ils donnent des chevaux de soumission, paient une forte amende et livrent des ôtages.

Rentré à Milianah, le général Camou donne alors tous ses
soins à l'administration de sa subdivision : de nombreux travaux sont exécutés sous sa direction, entre autres la route
stratégique de Milianah à Cherchell, qui suit les flancs et la
crête du Zaccar et traverse le pays si difficile des Righa et
des Beni-Menasser.

Au printemps de 1851, le général d'Hautpoul, gouverneur-
général de l'Algérie, appelle le général Camou au commandement d'une colonne qui doit opérer dans les subdivisions
de Sétif et d'Aumale, agitées, depuis quelque temps, par la
présence du chérif Bou-Baghla.

Pendant que le général Saint-Arnaud, à la tête d'une forte colonne, fait une expédition dans la petite Kabylie, le général Camou doit observer et contenir, s'il y a lieu, les Beni-Abbès et les tribus voisines. Il lui est prescrit, en raison du petit nombre d'hommes dont il dispose, de ne tenter aucune offensive sur la rive gauche de l'Oued-Sahel.

Parti d'Aumale, le 24 avril 1851, avec une faible colonne, que quelques bataillons devront renforcer plus tard, le général Camou se porte successivement chez les Beni-Abbès, les Ouled-Mokhani, les Ouled-Sidi-Abdallah et les Beni-Nemdil.

Le 23 mai, il rencontre les contingents du Chérif à El-Ma-ou-Aklan, les attaque avec sa vigueur ordinaire et leur fait éprouver des pertes sensibles. Plusieurs villages kabyles sont incendiés et, le lendemain, un nouveau châtiment est infligé aux populations insoumises.

Mais il fallait couper la retraite à Bou-Baghla et le forcer à accepter le combat : un mouvement est combiné, à cet effet, entre le général Camou et le général Bosquet ; les deux colonnes doivent se rencontrer, le 1er juin, à Aïn-Anou. Le général Bosquet, arrivé le premier sur les lieux, allait être attaqué par toutes les forces dissidentes, lorsque tout-à-coup, en regardant l'horizon avec sa lunette, il voit paraître, sur une hauteur voisine, le général Camou précédant sa colonne, qu'il domine de sa grande taille et qu'il anime de la voix et du geste. Les Kabyles sont attaqués avec furie et Bou-Baghla, complètement défait, s'échappe à grand'peine en laissant trois cents cadavres des siens sur le lieu du combat.

Plus tard, le général Bosquet, parlant de cette journée et faisant allusion à la tête blanche et à la haute stature de Camou, son compatriote, pour lequel il avait une vive affection, disait, dans ce langage pittoresque et poétique qui lui était si familier : « Quand je l'ai vu paraître sur la crête des » montagnes et que sa silhouette s'est nettement détachée

» sur le ciel, j'ai cru voir le pic du Midi dominant les Pyré-
» nées (1) ! »

Cette journée du 1er juin eut d'importants résultats poli-
tiques : le célèbre agitateur est en fuite, son prestige est
détruit, les populations qu'il avait soulevées sont terrifiées
des coups qui viennent de leur être portés et, pour la première
fois, ces tribus, jusqu'alors rebelles, sentent s'appesantir sur
elles la main puissante de la France. Aussi toutes les populations de la rive gauche de l'Oued-Sahel viennent-elles bientôt
demander l'*aman*, faire leur soumission et livrer des ôtages.

Après avoir continué sa marche sur Bougie et s'être ravi-
taillé dans cette place, le général Camou reprend la campagne
en suivant la rive droite de l'Oued-Summam, qu'il remonte
jusqu'à l'Oued-Sahel. Chemin faisant, il châtie les tribus qui
ont pris part à l'insurrection et reçoit de nouvelles soumis-
sions.

Bou-Baghla s'est réfugié chez les Ouzellaguen, qui veulent
le défendre. Battus dans deux combats, ils sont forcés de se
soumettre, et le Chérif, n'ayant encore d'autre ressource que
la fuite, repasse le col d'Akfadou.

Il restait à punir le village des Ouled-Sidi-Yaya, tribu de
marabouts, qui étaient allés chercher Bou-Baghla chez les
Beni-Mellikench et avaient propagé l'insurrection dans tout
l'Oued-Sahel. Après quelque résistance, le village est pris et
détruit.

La colonne visite ensuite Galah et se dirige sur Aumale,
où elle rentre le 15 juillet.

A la suite de cette belle expédition, le général Camou est
nommé grand officier de la Légion-d'Honneur ; mais les
récompenses qu'il a sollicitées pour les troupes qu'il com-

______

(1) « Quand lou béduÿ aü haüt de la costa que crégouÿ de bédé lou pic doü
miey dio. »

mandait lui sont, pour la plupart, refusées. Il écrit alors au gouverneur-général, pour se plaindre de cet oubli, une lettre qui lui fait trop d'honneur pour qu'elle soit passée sous silence.

Après avoir énuméré les différentes propositions faites par lui et qui n'ont pas été suivies d'effet, il ajoute :

« J'en ai oublié, et de bien méritants. Aussi je ne puis
» m'empêcher de vous dire que la froideur avec laquelle les
» propositions signées par moi ont été reçues, me fait perdre
» la confiance des troupes. Comment serai-je écouté à l'ave-
» nir, quand j'aurai à exposer de braves soldats à des dan-
» gers imminents, dans les circonstances actuelles surtout
» où je serai peut-être encore obligé de marcher à la tête
» de mes troupes ? Je sens que ma force morale n'est plus
» la même. Si je ne puis être relevé de cette fâcheuse posi-
» tion, je demande ma mise en disponibilité ou en retraite.
» M. le Ministre décidera dans laquelle de ces deux positions
» je dois être placé : je ne veux pas d'autre alternative.

» Vous me connaissez, Monsieur le gouverneur ; j'ai eu
» l'honneur de servir assez longtemps sous vos ordres, pour
» que vous sachiez que je n'ai jamais eu d'autre ambition
» que celle du devoir. Il m'a été accordé, sur votre proposi-
» tion, dans la Légion-d'Honneur, le grade de grand officier ;
» j'eusse préféré, mille fois, être oublié et voir récompenser
» les braves gens auxquels j'ai dû le succès de mes opéra-
» tions. Tous ont de l'avenir : ils devraient être encouragés,
» tandis que moi, vieux soldat, je touchais à la fin de ma
» carrière, content de ce que j'étais.

» Je vous prie instamment, Monsieur le gouverneur, de
» transmettre mes observations à M. le Ministre de la guerre,
» car je désire qu'il soit statué le plus tôt possible sur la
» position que je dois occuper, et qui sera, si je ne suis pas
» écouté, la retraite ou la disponibilité. »

En lui répondant de la manière la plus digne et la plus affectueuse, le gouverneur-général lui fait connaître qu'il appuie auprès du Ministre de la guerre la demande déjà faite de récompenses nouvelles pour la colonne de l'Oued-Sahel, et bientôt après ces récompenses sont accordées.

Le général Camou rentre à Milianah ; mais, quelque temps après, le général Pélissier, gouverneur-général par intérim, le mande auprès de lui pour lui confier un commandement dans la colonne qui va opérer, sous ses ordres directs, contre les Flittas, les Maktas et les Guechtoulas.

Cette expédition, qui ne dure qu'un mois, donne de brillants résultats.

Nommé général de division le 6 février 1852, le général Camou est appelé au commandement de la province d'Alger.

Sa modestie lui fait d'abord envisager avec crainte cette distinction dont il est l'objet ; mais il la surmonte bientôt, et il ne tarde pas, dans cette position, à donner la preuve de toutes les qualités sérieuses qui sont en lui.

Les travaux de la colonisation reçoivent une nouvelle impulsion, l'administration est l'objet de toute sa sollicitude, des travaux sont entrepris sur tous les points : pendant l'été, il fait ouvrir la route stratégique de Dra-el-Mizan et prépare les voies pour de futures expéditions.

En 1852, il est chargé de l'inspection générale des troupes du 17e arrondissement d'infanterie, en Algérie.

En 1853, dans un voyage qu'il fait à Laghouat, il détermine l'emplacement des caravansérails à créer sur cette route pour assurer la sécurité des voyageurs.

Pendant que le gouverneur-général dirige l'expédition des Babors, il exerce, par délégation, le gouvernement général de l'Algérie. Il est ensuite chargé de l'inspection générale du 19e arrondissement d'infanterie, fonctions qui lui sont encore confiées en 1854.

Cette même année, mis à la tête de la 1re division du corps d'armée qui, sous les ordres du gouverneur-général, pénètre pour la première fois dans la grande Kabylie, il prend part à plusieurs combats mémorables. Sa division se distingue entre autres au Souk-el-Tnin et aux Beni-Menguellet.

Le 4 juin, la position de Souk-el-Tnin, fortement barricadée et défendue par de nombreux Kabyles, est enlevée après un combat acharné.

Aux Beni-Menguellet, la lutte est plus opiniâtre encore; mais l'ardeur des troupes, en tête desquelles marche le général de division, surmonte tous les obstacles : les hauteurs sont enlevées et on pénètre dans les villages qui en couronnent les crètes comme d'immenses redoutes. Mais ces fiers montagnards les ont évacués à la hâte, et, fuyant par des sentiers impraticables, ils sont allés demander un asile à leurs voisins. C'est de loin qu'ils assistent à l'incendie qui dévore leurs toits et restera gravé dans leur souvenir, comme un terrible châtiment de leur résistance.

A la fin de 1854, le général Camou se rend à Paris pour assister aux opérations du classement. L'Empereur lui offre alors un commandement à l'armée d'Orient. Il l'accepte avec empressement et ne craint pas, malgré son âge, d'aller affronter de nouvelles fatigues et de nouveaux dangers.

Nommé le 10 janvier 1855 au commandement de la 3e division de l'armée d'Orient, il arrive, le 24 février, sous les murs de Sébastopol, et est alors placé à la tête de la 2e division d'infanterie du 2e corps. Il est chargé de la surveillance des troupes employées aux travaux du siége de droite et remplit cette mission avec zèle et intelligence.

Le 7 juin 1855, sa division est désignée pour marcher en tête des troupes qui doivent attaquer la position du Mamelon-Vert; la direction générale de l'attaque lui est confiée.

Au signal donné par le général Bosquet, commandant le

2e corps, les troupes de la 1re brigade de la 2e division, sous les ordres du général de Wimpffen, s'élancent par dessus le parapet. Leur élan est irrésistible : elles franchissent les deux parallèles russes, chassant devant elles l'ennemi qui les occupe, arrivent au pied du Mamelon-Vert qu'elles enveloppent de tous côtés et pénètrent dans l'intérieur de l'ouvrage sous un feu terrible de mitraille et de mousqueterie.

Un combat acharné s'engage à l'arme blanche et bientôt nos soldats restent maîtres de la position. Mais, au lieu de s'y établir solidement, ils se laissent entraîner par leur ardeur et vont se ruer sans ordre sur les ouvrages qui entourent et flanquent le bastion Malakoff. Leur élan décousu vient se briser contre les formidables défenses et la froide résistance des Russes qui, par un retour offensif, les ramènent, leur reprennent le Mamelon-Vert et les poussent jusqu'aux parallèles.

La 2e brigade de la 2e division, suivie de près par la 1re brigade de la 5e division, débouche en ce moment.

Nos troupes, reformées, s'élancent avec une nouvelle ardeur, chassent encore une fois les Russes devant elles et reprennent possession de l'ouvrage qu'elles n'abandonneront plus ; car le général Camou prescrit aussitôt les mesures nécessaires pour la mise en état de défense du Mamelon-Vert et s'installe pour la nuit dans la 1re parallèle.

Le feu terrible que tous les ouvrages de la place dirigent sur le Mamelon-Vert fait subir des pertes considérables à la 2e division, mal abritée dans ces ouvrages que le génie travaille à faire mettre en bon état de défense.

La 2e division s'est couverte de gloire dans cette brillante attaque, mais ses pertes sont sérieuses : elle a 54 officiers tués, 94 blessés ; 778 hommes de troupe tués, 1,869 blessés.

Affaiblie par tant de vides, elle est envoyée, pour se réorganiser, sur les bords de la Tchernaïa, où elle ne tarde pas à se signaler de nouveau.

Pendant la nuit du 16 août, les Russes dirigent des masses silencieuses et profondes vers la Tchernaïa. Ils comptent peut-être sur la fatigue et la négligence qui doivent être les suites de la fête de l'Empereur que l'armée française a célébrée la veille et ils espèrent la surprendre. Ils veulent nous prendre à revers et nous chasser du plateau de la Chersonèse.

Au point du jour, plusieurs colonnes s'élancent à l'attaque des hauteurs de Tchorgoun que couronnent les camps français et font replier les avant-postes ; ils atteignent presque les crètes. Mais le général Camou, en prévision d'une attaque, a prescrit de sages dispositions à ses troupes et la 2e division est bientôt prête à repousser les assaillants.

Refoulés jusqu'au-delà de la Tchernaïa, les Russes font avancer de nouvelles masses et cherchent une seconde fois à gravir les hauteurs. Ce flot mouvant qui monte toujours est encore arrêté par l'énergie de la 2e division, qui lutte à l'arme blanche, rejette les assaillants dans le canal et les culbute en désordre jusqu'au-delà de la rivière. Une lutte acharnée s'engage au pont de Traktir, par où s'effectue la retraite des Russes, et nos bataillons y font preuve du plus grand élan et d'une intrépidité remarquable. Bientôt les colonnes russes sont en pleine retraite et les bords de la Tchernaïa sont couverts de leurs cadavres.

Dans cette journée, où les troupes françaises eurent à soutenir le choc d'un ennemi bien supérieur en nombre, la 2e division du 2e corps eut une large part de gloire, et l'ordre du jour du général en chef dit que : « La division Camou a » su maintenir sa vieille et brillante réputation. »

Le 8 septembre 1855, le général Bosquet, commandant le 2e corps, ayant été blessé, le général Camou est investi du commandement provisoire du corps d'armée. Il le conserve jusqu'au 7 février 1856, époque à laquelle il est nommé commandant de la 2e division d'infanterie de la garde impériale qui se recrute en Crimée.

Il reçoit, le 26 avril 1856, de S. M. la reine d'Angleterre, les insignes de chevalier commandeur, avec plaque de l'ordre du Bain.

Rentré en France avec sa division de voltigeurs, le général Camou s'établit à l'Ecole militaire, où il trouve enfin, après tant d'années si glorieusement employées, le couronnement de sa belle carrière militaire.

Il reçoit, le 13 janvier 1857, la décoration de 1re classe grand'croix de l'ordre du Medjidié ; le 10 juin 1857, la médaille de la valeur militaire sarde et, le 13 août, la croix de grand officier de l'ordre des saints Maurice et Lazare.

Le 13 mars 1857, une décision impériale le maintient définitivement dans la 1re section du cadre de l'état-major général, comme ayant eu un commandement en chef en Crimée, et, en vertu de cette décision, il continue à exercer son commandement dans la garde impériale.

Le 5 octobre 1857, après les travaux du camp de Châlons qui a été inauguré par la garde impériale, l'Empereur, voulant récompenser les beaux services du général Camou, l'élève à la dignité de grand'croix de la Légion-d'Honneur.

La guerre éclate entre l'Autriche et l'Italie. La France qui, suivant sa politique séculaire, veut à jamais détruire l'influence autrichienne en Italie et rendre cette nation libre de ses destinées, vole au secours de son alliée menacée par l'invasion. La garde impériale est dirigée en toute hâte sur Toulon et débarque bientôt à Gênes, où elle attend l'Empereur qui se met à la tête de son armée.

Quelques jours après, le quartier-général est porté à Alexandrie, et tous les corps se concentrent autour de ce point. Dès que l'armée a reçu son matériel et complété son organisation, la campagne, heureusement inaugurée déjà par le combat de

Montebello, s'ouvre par cette marche rapide qui, d'Alexandrie, porte notre quartier-général à Novare, sur la droite des Autrichiens.

La division de voltigeurs de la garde est envoyée à gauche, sur les bords du Tessin, et placée sous les ordres du général de Mac-Mahon, commandant le 2e corps. Après avoir surpris, avec sa division, le passage du Tessin et posé le premier le pied sur le territoire ennemi, le général Camou prend part au combat de Robechetto et à la bataille de Magenta.

A Magenta, placé en seconde ligne, il dispose sa division par bataillons en masse, à intervalle de déploiement, et, marchant tambour battant dans cet ordre avec un ensemble admirable, il se porte jusqu'à hauteur de la première ligne, vigoureusement engagée dans le village et sur la ligne du chemin de fer.

Les Autrichiens, qui n'avaient pu triompher de l'héroïque résistance des grenadiers de la garde à Ponte-Nuovo-di-Magenta, s'étaient vus rejeter sur Magenta par le corps du général de Mac-Mahon et s'y défendaient avec l'acharnement du désespoir. L'arrivée de la brillante division de voltigeurs décide enfin la retraite de l'ennemi, et, dans son rapport, le général de Mac-Mahon parle avec éloges de la bonne direction imprimée à cette division par son vaillant chef.

A Solférino, la garde impériale forme la réserve de l'armée. Le premier corps, commandé par le maréchal Baraguey-d'Hilliers, avait été engagé au commencement de la bataille et, depuis le matin, soutenait une lutte opiniâtre avec l'ennemi. Epuisé par ses efforts et par les pertes qu'il avait subies, il ne pouvait enlever les hauteurs de Solférino que l'Empereur regardait comme la clef de la position. C'est alors que le général Camou reçoit l'ordre d'emporter ces hauteurs, sur lesquelles les Autrichiens s'étaient fortement retranchés, ainsi que la tour au pied de laquelle étaient dressées toutes leurs batteries.

Le général Camou, gardant la 2e brigade en réserve, porte en avant sa 1re brigade, commandée par le général Manèque. Cette brigade, brillamment dirigée par son chef, s'élance avec la plus grande ardeur, et, après d'héroïques efforts, elle enlève la position qu'elle couronne aussitôt. Soutenue par la 2e brigade, elle poursuit sa marche victorieuse, dépasse Solférino et va s'établir sur les hauteurs de Cavriana, où le matin même l'Empereur d'Autriche avait porté son quartier-général.

L'armée ennemie est en pleine retraite, et ce champ de bataille, depuis longtemps préparé et étudié par elle avec le plus grand soin, est témoin de sa défaite.

Dans ce combat, la division de voltigeurs de la garde a brisé les dernières et énergiques résistances de l'ennemi; elle s'est couverte de gloire, et de nombreux trophées restent entre ses mains comme témoignage de sa valeur.

C'est le dernier fait de guerre du général Camou et qui couronne dignement cette longue série de combats et de batailles où sa belle nature, calme, froide et intrépide venait se révéler : pendant l'action sa parole devenait brève et concise, ses ordres précis, son coup-d'œil rapide et sûr, et le feu semblait transfigurer cette âme qui montrait alors toutes ses qualités !

Pendant le cours de cette campagne, aussi glorieuse que rapide, chacun peut admirer la vigueur et l'énergie avec lesquelles le général Camou, malgré son grand âge, supporte la fatigue des marches et des bivouacs, sans que rien puisse altérer ni sa sérénité, ni sa sollicitude pour ses soldats.

La guerre est terminée et les troupes rentrent en France. L'Empereur, voulant alors accorder au général Camou un repos bien mérité et le récompenser d'une manière éclatante, songe à le faire entrer au Sénat.

Mais le général qui craint, avant tout, de quitter des soldats au milieu desquels il a passé tant d'années de sa vie, exprime respectueusement le désir de rester encore à la tête de sa belle division, récompense la plus belle qui puisse lui être accordée. Ce désir du vieux soldat est exaucé par l'Empereur qui lui laisse le commandement de sa division.

Il continue alors, avec la commission chargée de préparer, sous la présidence de M. le général de Schramm, un nouveau règlement sur le service des places, les travaux commencés en 1858 et auxquels l'ont si bien préparé sa vieille expérience et son esprit droit.

En septembre 1859, il est nommé membre du grand Conseil de la Légion-d'Honneur. Sa nomination lui est annoncée en ces termes par le grand Chancelier :

« Mon cher et bon général,

» Je ne sais pas d'homme plus honorable que vous : je ne
» suis pas étranger à votre position de grand officier et de
» grand'croix de la Légion-d'Honneur ; une occasion s'est
» offerte de penser encore à vous, et je l'ai saisie avec
» empressement, en vous présentant au choix de l'Empereur,
» comme membre du grand Conseil de l'ordre. Sa Majesté a
» bien voulu accueillir ma proposition, et c'est avec un sen-
» timent de sincère et profonde affection, que je me plais à
» vous l'annoncer.

» Votre vieux camarade et ami bien dévoué.

» M^{al} Pélissier. »

Le 2 août 1860, S. M. le roi de Piémont le nomme grand officier de l'ordre militaire de Savoie.

Le 15 mai 1862, une décision impériale fixe à 70 ans la limite au-delà de laquelle les officiers généraux, maintenus dans le cadre d'activité, doivent cesser d'exercer un commandement actif...

En vertu de cette décision, le général Camou est placé en disponibilité le 31 décembre 1863. Il s'éloigne à regret de sa belle division qui lui est si dévouée ; mais, en quittant pour toujours cette famille militaire, à laquelle il a voué toutes ses affections, il reçoit les marques d'estime les plus flatteuses de tous ceux qui font partie de la garde impériale.

Les sentiments dont sont pénétrés tous ceux qui connaissent le général Camou, sont exprimés par le maréchal Regnault de Saint-Jean-d'Angély, commandant en chef la garde impériale, dans son ordre du jour du 30 décembre 1863 :

« Officiers et soldats de la garde impériale,

» Une décision impériale, du 15 mai dernier, a fixé à 70
» ans la limite au-delà de laquelle MM. les officiers généraux,
» maintenus dans le cadre d'activité, en vertu de la loi du 4
» août 1839, doivent être mis en disponibilité.

» Par suite de cette décision, M. le général de division
» Camou quittera son commandement le 1er janvier 1864.

» En voyant s'éloigner de nous celui que toute l'armée
» vénère, comme un type de devoir et d'honneur, celui qui
» est devenu comme un modèle unique à donner à nos jeunes
» générations, je tiens à lui exprimer, au nom de l'armée
» tout entière, et à celui de la garde en particulier, tous les
» regrets que nous éprouvons de cette séparation.

» Soldat modeste et brillant de nos campagnes du premier
» Empire, de 1808 à 1815, le général Camou s'était élevé
» successivement jusqu'aux premiers échelons du commande-
» ment dans nos campagnes d'Afrique ; la distinction de ses
» services et sa bravoure en Crimée lui avaient valu l'hon-
» neur de commander le 2e corps d'armée, et enfin, sur
» les champs de bataille de Magenta et de Solférino, c'était

» lui qui conduisait glorieusement à l'ennemi la belle division
» de voltigeurs de la garde impériale.

» A cette division, le général Camou avait donné cette
» forte organisation qu'elle a conservée jusqu'ici, et lui avait
» communiqué cet entrain remarquable que les fatigues de
» vingt-cinq campagnes et de longues années avaient laissé
» chez lui dans toute sa vigueur.

» Nous tous qui connaissons la loyauté de son caractère,
» son excessive bienveillance, son dévouement au devoir,
» conservons précieusement le souvenir de son passage au
» milieu de nous, respectons et honorons son nom dans les
» annales de la garde impériale, comme celui d'un homme
» qui fut toujours, et comme soldat et comme général, le
» parfait modèle de toutes les vertus guerrières. »

Dans un banquet que lui offrent les officiers de sa division,
ces mêmes sentiments sont exprimés de nouveau, au nom de
tous, par M. le Maréchal commandant en chef la garde impériale, dans une improvisation chaleureuse à laquelle le général
Camou, dominant une profonde émotion, répond en quelques
mots où son cœur de soldat se révèle tout entier.

Le 1er janvier 1864, l'Empereur, voulant dignement cou-
ronner une carrière si noblement remplie, élève le général
Camou à la dignité de sénateur.

A partir de cette époque, le général Camou, ayant
quitté la vie active, se consacre tout entier à ses nouveaux
devoirs.

Assidu aux séances du Sénat et à celles du Conseil de
l'ordre de la Légion-d'Honneur, il apporte à ses devoirs toute
l'exactitude de ses habitudes militaires, et son aménité de
caractère, sa droiture et sa loyauté lui concilient l'affection
de ses collègues.

C'est pour ainsi dire dans l'exercice de ses fonctions que la mort, qu'il a si souvent bravée sur les champs de bataille, vient le surprendre le 5 février 1868 (1).

Au sortir du Sénat, après une séance de longue durée, il est frappé d'apoplexie, et, perdant immédiatement connaissance, il expire le lendemain à minuit sans avoir repris ses sens et presque sans agonie.

Fidèle jusqu'aux derniers moments à cette extrême modestie qui a toujours dirigé sa vie, il a demandé à être enterré sans pompe et sans honneurs militaires, et à reposer près de ses parents dans son pays natal.

Pour obéir à ses volontés, sa famille l'a fait transporter à Oloron-Sainte-Marie (Basses-Pyrénées) ; mais là, malgré le désir qu'il avait exprimé, ses funérailles sont célébrées comme un deuil public qui frappe son pays. Une décision spontanée du Conseil municipal décide que ses obsèques seront faites aux frais de la ville d'Oloron, dans laquelle il aimait à venir chaque année se délasser des travaux du Sénat, et que la rue qu'il habitait prendra le nom de rue Camou.

Le Conseil invite en même temps tous les habitants à se joindre à lui pour rendre les derniers devoirs à ce vertueux citoyen, l'honneur de son pays.

Cet appel est pieusement écouté, et c'est au milieu d'un concours immense de population sympathique et émue que son corps est conduit au champ du repos.

Ce rapide exposé peut permettre à chacun d'apprécier cette longue carrière militaire, qui n'eut pas un seul moment de défaillance, et de juger le caractère énergique et loyal du général Camou.

---

(1) L'avant-veille, le 3 février, il assistait à la séance du grand Conseil de la Légion-d'Honneur, où rien dans son attitude ne pouvait faire pressentir une fin si prochaine.

Mais ce que pourront connaître seuls ceux qui l'ont approché et l'ont vu à différentes époques de sa vie, c'est son aménité de caractère, sa bienveillante sollicitude pour ses soldats et le culte fidèle qu'il eut pour les anciennes amitiés. Comment faire connaître aussi la générosité discrète de ce véritable homme de bien, qui fut la providence de toute sa famille et sut, sans que personne le soupçonnât, soulager tant d'infortunes étrangères ?

Simple dans ses goûts, conservant dans sa vieillesse les habitudes modestes de ses premières années, il est mort sans fortune, après avoir occupé longtemps de hautes positions.

Mais le souvenir de ses nombreux bienfaits reste après lui pour témoigner de l'usage généreux qu'il a fait de ses épargnes. Sa main fut toujours ouverte aux malheureux, et il sacrifia souvent son bien-être aux nobles instincts de son cœur, qui le portaient à faire le bien.

Telle fut la vie de cet officier général, qui, pendant soixante ans, servit son pays avec le plus constant dévouement et le plus pur patriotisme. Il fut énergique et bon, intrépide et modeste, vénéré et simple. Il réalise ce vieux type du devoir et de l'honneur, dont la tradition se transmet d'âge en âge dans l'armée et offre le parfait modèle des vertus guerrières qu'on peut offrir comme exemple, à nos jeunes générations.

Nantes, Imp. de Mᵐᵉ vᵉ Camille Mellinet, place du Pilori, 5.

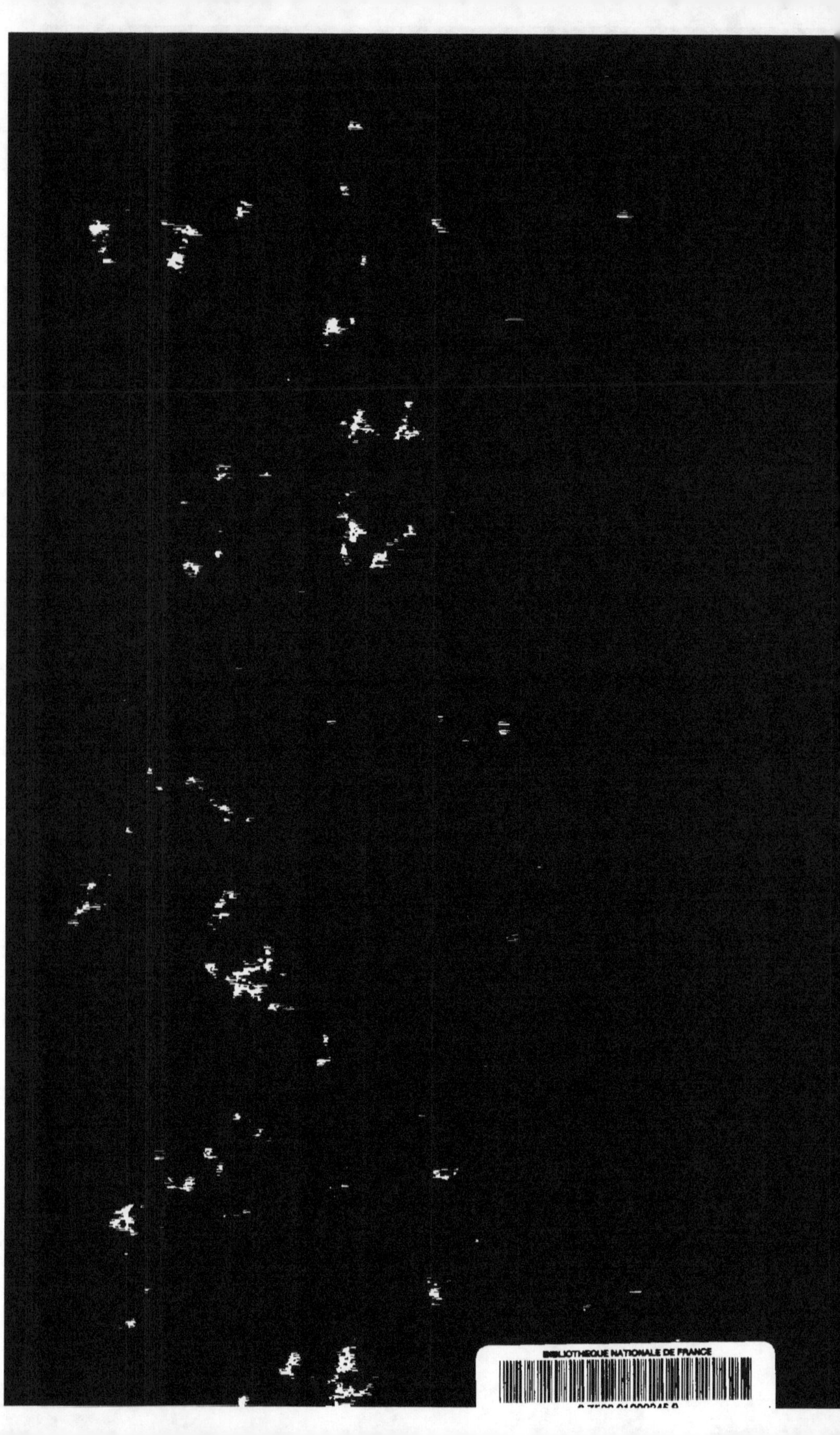

www.ingramcontent.com/pod-product-compliance
Lightning Source LLC
Chambersburg PA
CBHW071508030726
47593CB00003B/1218